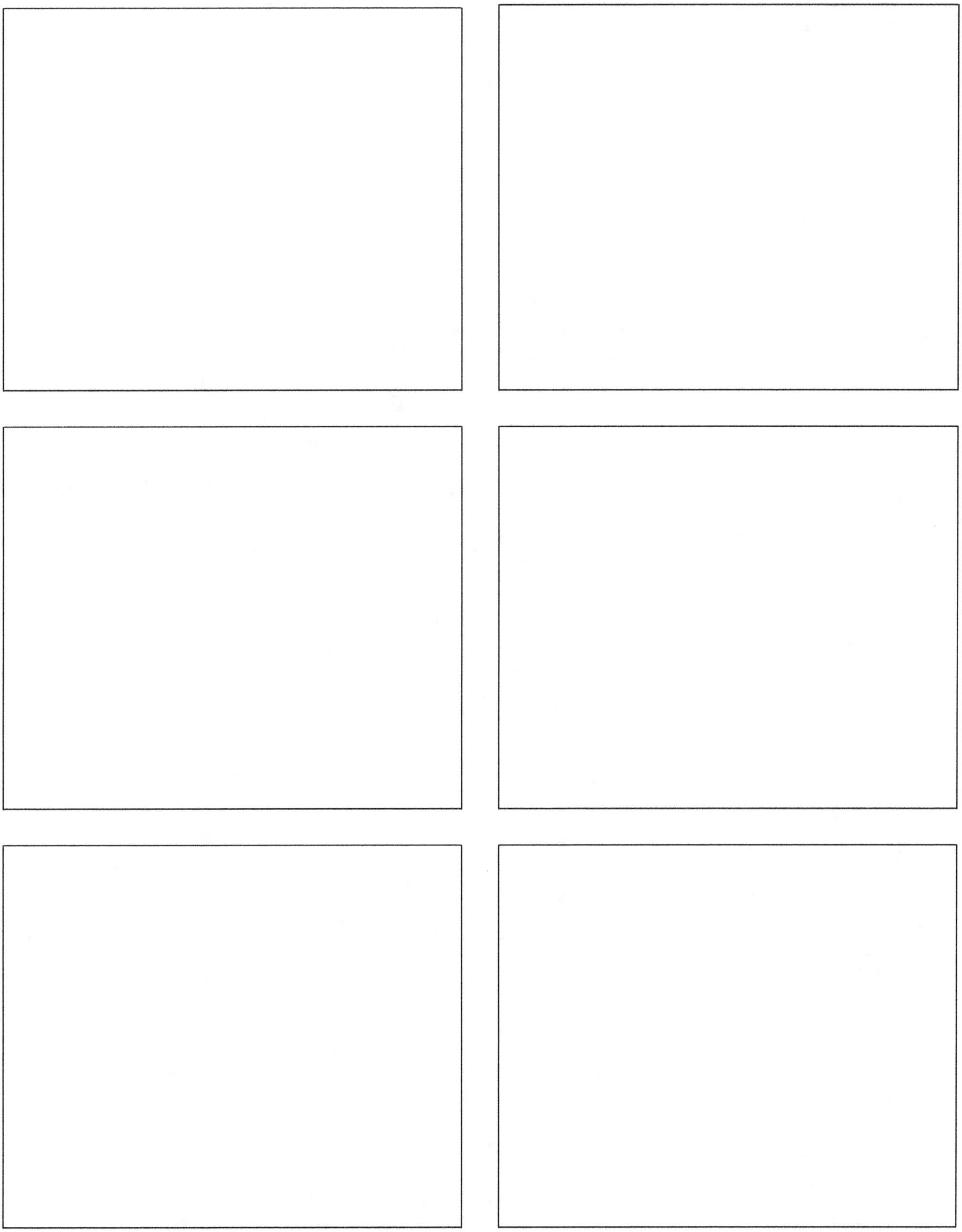

www.ingramcontent.com/pod-product-compliance
Lightning Source LLC
Chambersburg PA
CBHW081405170526
45166CB00010B/3221
* 9 7 8 1 4 9 2 3 1 9 6 4 1 *